I0569005

PAPER SOLDIERS
BY CARLO POZZI
VOL. 1

FROM 1650 TO 1890

SERIES EDITED BY

LUCA STEFANO CRISTINI

SOLDIERSHOP
PUBLISHING
BOOK on DEMAND

AUTHOR

Carlo Pozzi, is a good Italian artist born in Cernobbio a beautiful town on the lake near Como in north Italy the June 28 1938. He is an interesting member of the rich and glorious family of the great Italian illustrators as Sergio Toppi, Battaglia, Crepax, Gattia and many others.

Very delicious and refined person, good prepared of a lot of subjects, He lives and works in Como (Italy). From his magic pen are born subjects and illustrations for children books. Carlo Pozzi is also an appreciated designer of tissue of tall fashion, sector in which he has produced several jobs for the most known Italian stylists. In the area of comic strips, for the Collection Coer SA Pozzi has created the character of Sir Mc Dog. Also He deals with design of toys and other creative forms. His "Paper soldiers" have been published by specialistic magazines of history scale model as Soldatini and TuttoSoldatini of the Italian publishers. From the subjects of the painted soldiers him preferences are for the cavalry world.. This is partly due to his past military service in the 1° Nizza cavalry regiment

PUBLISHING'S NOTE

None of **unpublished** images or text of our book may be reproduced in any format without the expressed written permission of Soldiershop.com when not indicate as marked with license creative commons 3.0 or 4.0. The publisher remains to disposition of the possible having right for all the doubtful sources images or not identifies. Our trademark: Soldiershop Publishing ©, The names of our series: Soldiers&Weapons, Battlefield, War in colour, PaperSoldiers, Soldiershop e-book etc. are herein © by Soldiershop.com.

PAPER SOLDIERS SERIES

La collana è dedicata alla storia e alla collezione de mitici soldatini di carta o ai soldatini da warfame. In ogni volume preziose raccolte di soldatini stampati il secolo scorso (e anche prima), provenienti dalle nostre collezioni, ma anche nuovi figurini realizzati con abile maestria dai nostri bravi autori. Sempre con l'intento di fornirvi illustrazioni di grande qualità.

RINGRAZIAMENTI E CREDITI FOTOGRAFICI - PHOTOGRAPHIC CREDITS:

Le tavole sono generalmente opera dell'autore o dell'illustratore indicato. La gran parte del resto dell'iconografia usata appartiene all'archivio dell'editore, foto scattate dall'autore, o materiale di amici collezionisti. L'Editore rimane in ogni caso a disposizione degli eventuali aventi diritto per tutte le fonti iconografiche dubbie o non identificate.

Title: **PAPER SOLDIERS BY CARLO POZZI VOL. 1**
Serie edit by Luca S. Cristini. First edition by Soldiershop. September 2019
Cover & Art Design: Luca S. Cristini. ISBN code: 978-88-93274852
Published by Luca Cristini Editore, via Orio 35/4- 24050 Zanica (BG) ITALY. www.soldiershop.com

PAPER SOLDIERS
BY CARLO POZZI
Vol. 1

FROM 1650 TO 1890

SERIES EDITED BY
LUCA STEFANO CRISTINI

THE WONDERFUL WORLD OF CARLO POZZI'S SOLDIERS

Carlo Pozzi is a good Italian artist born in Cernobbio a beautiful town on the lake near Como in north Italy the June 28 1938. He is an interesting member of the rich and glorious family of the great Italian illustrators as Sergio Toppi, Battaglia, Crepax, Gattia and many others. Very delicious and refined person, good prepared of a lot of subjects, He lives and works in Como (Italy). From his magic pen are born subjects and illustrations for children books. Carlo Pozzi is also an appreciated designer of tissue of tall fashion, sector in which he has produced several jobs for the most known Italian stylists.

In the area of comic strips, for the Collection Coer SA, Carlo Pozzi has created the character of Sir Mc Dog. Also He deals with design of toys and other creative forms.

His "Paper soldiers" have been published by specialistic magazines of history scale model as *Soldatini* and *TuttoSoldatini* of Italian publishers. From the subjects of the painted soldiers his preferences are for the cavalry world. This is partly due to his past military service in the 1st Nizza cavalry regiment.

The subjects of the first volume

The paper soldiers printing in this first volume cover the years from 1650 to the end of the XIX century. In the second volume we will complete with tables devoted to XX century.

The first series infantries of 600 and 700 are based on French and Italian but also English (Irish) subjects . We signal then an interesting and curious series devoted to the French Navy soldier. Next are some sheets devoted to North America Indians, follow other various uniforms, next the Napoleonic era. The book conclude with Italian uniformologic subjects of XIX century.

ITALIAN TEXT

Carlo Pozzi è un bravo artista italiano nato a Cernobbio bella cittadina sul lago poco distante da il 28 giugno 1938. Appartiene alla ricca e gloriosa famiglia dei grandi illustratori italiani come Toppi, Battaglia, Crepax e molti altri.

Persona assai squisita e raffinata, ottimo cultore di molte materie, Pozzi vive e lavora a Como. Dalla sua magica penna sono usciti soggetti e illustrazioni di libri per ragazzi.

Ma Carlo Pozzi è anche un apprezzato disegnatore di tessuti di alta moda, settore nel quale ha prodotto numerosi lavori per i più noti stilisti, ed in effetti questa sua "modernità" cromatica e di tratto si può ben vedere anche nei suoi bei figurini di carta che presentiamo su questo libro. In ambito fumettistico, per la Collection Coer Sa ha creato il personaggio di Sir Mc Dog. Si occupa anche di design di giocattoli e altre forme creative.

I suoi "soldatini" sono stati pubblicati da riviste di modellismo specialistiche come *Soldatini* dell'editore Albertelli e *TuttoSoldatini* della editrice Isomedia. Dalla soggettistica dei militari dipinti si "intuisce" un debole per la cavalleria, questo è in parte dovuto al fatto di aver prestato servizio, nei lontani anni 60, presso il 1º Nizza cavalleria che in quegli anni non cavalcava più sauri e ronzini ma pesantissimi carri armati M47 Patton !!

I soggetti del primo volume

I soldatini di carta che fanno parte di questo primo volume appartengono ad anni che vanno dal 1650 alla fine del XIX secolo. Nel secondo volume completeremo con tavole dedicate al 900.

Per la serie fanterie del 600 e del 700 vi sono uniformi prevalentemente francesi e italiane ma anche inglesi (irlandesi). Segnaliamo poi un'interessante e curiosa serie dedicata alla marina francese.

Vi sono infine una serie di fogli dedicati agli indiani del Nord America, uniformi varie cui seguono i soldatini napoleonici. Concludono questo primo volume soggetti di uniformologia italiana dell'800.

THE PLATES
VOL. 1

Francia ~ Rgt.o "de Carignan~Salières " ~ 1665~

Francia ~ Rgt.o "de Carignan~Salières " ~ 1665~

Ducato di Savoia

Bandiera colonnella
Reggimento piemontese "Guardie"
~ anno 1673 ~

Bandiera di battaglione
Regg.to "Guardie"
~ anno 1673 ~

c.Pozzi TAV. N°36

Ducato di Savoia

Bandiera colonnella
Reggimento piemontese "Guardie"
~ anno 1673 ~

Bandiera di battaglione
Regg.to "Guardie"
~ anno 1673 ~

c.Pozzi TAV. N°36

~Dragoni montati~
~Dragoni di Piemonte~ 1690 ~ {Dragons Jaunes}
oggi "Nizza Cavalleria"

~Dragoni montati~
~Dragoni di Piemonte~ 1690 ~ {Dragons Jaunes}
oggi "Nizza Cavalleria"

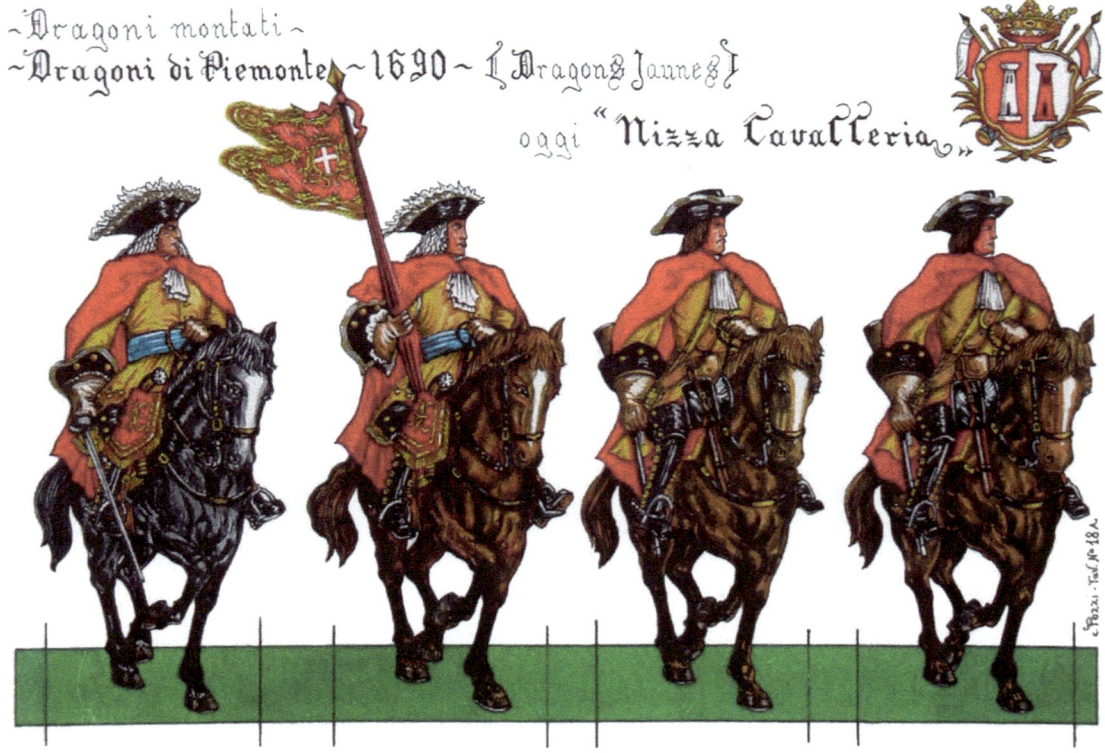

~ Marina Francese ~ 1690 ~ Ufficiale e marinai ~

c. Pozzi - Tav. N° 43

~ Marina Francese ~ 1690 ~ Ufficiale e marinai ~

c. Pozzi - Tav. N° 43

9

Royal Artillery ~1690~   Treno di artiglieria

Royal Artillery ~1690~   Treno di artiglieria

~ Francia in Nord America ~ '700 ~

c. Pozzi - TAV. n° 65

"Compagnie Franche della Marina."

"R.to svizzero de Karrer" 1736

R.to "Royal Roussillon" 1757

~ Francia in Nord America ~ '700 ~

c. Pozzi - TAV. n° 65

"Compagnie Franche della Marina."

"R.to svizzero de Karrer" 1736

R.to "Royal Roussillon" 1757

~ Tamburi ~ Regiment ~ Belfast ~ 1703 ~

~ Tamburi ~ Regiment ~ Belfast ~ 1703 ~

Grande~Bretagne   Grenadier Guards.1705

Grande~Bretagne   Grenadier Guards.1705

Francia 1720 ~ Reg.o "La Reine" XVIII secolo

Francia 1720 ~ Reg.o "La Reine" XVIII secolo

Fanteria 1730 italiana svizzera tedesca · Regg. di Sicilia · Regg. Salis · Drapeaux Infanterie de S.M. Carlo Emanuele III · Regg. di Baaden

Fanteria 1730 italiana svizzera tedesca · Regg. di Sicilia · Regg. Salis · Drapeaux Infanterie de S.M. Carlo Emanuele III · Regg. di Baaden

~ Regno di Sardegna ~

"Regg. Guardie" 1747

Bandiera
d'ordinanza

Bandiera
Colonnella

~ Regno di Sardegna ~

"Regg. Guardie" 1747

Bandiera
d'ordinanza

Bandiera
Colonnella

Regg. d'ordinanza "Saluzzo" - 1747 -
Regno di Sardegna

Regg. d'ordinanza "Saluzzo" - 1747 -
Regno di Sardegna

~ Regno di Sardegna ~ 1747

~ "Regg Lombardia„ ~

Bandiera Colonnella

Bandiera d'ordinanza

c.Pozzi - TAU. N°51

~ Regno di Sardegna ~ 1747

~ "Regg Lombardia„ ~

Bandiera Colonnella

Bandiera d'ordinanza

c.Pozzi - TAU. N°51

Regno di Sardegna -1755-
"Regg. d'Artiglieria"

Bandiera
d'ordinanza   Ufficiale   Cannoniere   Artiglieri

Regno di Sardegna -1755-
"Regg. d'Artiglieria"

Bandiera
d'ordinanza   Ufficiale   Cannoniere   Artiglieri

Regie Truppe Sarde ~ Savoia Cavalleria ~ 1755 ~

Regie Truppe Sarde ~ Savoia Cavalleria ~ 1755 ~

~ Ussari della Moldavia ~

Russia ~ 1757

~ Ussari della Moldavia ~

Russia ~ 1757

Francia ~ Fucilieri ~ Rgt.o "La Sarre „ ~ 1758 ~

c. Pozzi Tav. n° 63

Francia ~ Fucilieri ~ Rgt.o "La Sarre „ ~ 1758 ~

c. Pozzi Tav. n° 63

~ Marina Francese ~ 1772 ~ Capitaine de vasseau et canonniers ~

~ Marina Francese ~ 1772 ~ Capitaine de vasseau et canonniers ~

Indiani ~ 1780

c. Pozzi - TAV. n° 69

Indiani ~ 1780

c. Pozzi - TAV. n° 69

Indiani ~
~Comanches

c.Pozzi - Tav. N°70

Indiani ~
~Comanches

c.Pozzi - Tav. N°70

27

~ Marina Francese ~ 1792 ~

Admiral   Lieutenant de   Vaisseau   Matelot   Matelot   Matelot

~ Marina Francese ~ 1792 ~

Admiral   Lieutenant de   Vaisseau   Matelot   Matelot   Matelot

Legione Truppe Leggere — **REGIMENTO PRIMO** — *1795*

c.Bzzi - TAV. n° 74

Legione Truppe Leggere — **REGIMENTO PRIMO** — *1795*

c.Bzzi - TAV. n° 74

Ň ~ Corazzieri ~ 1812 ~

Ň ~ Corazzieri ~ 1812 ~

~ Caralinieri a Cavallo ~ 1812 ~ Truppe Napoleoniche

e.Pazzi - Tav. N°52

~ Caralinieri a Cavallo ~ 1812 ~ Truppe Napoleoniche

e.Pazzi - Tav. N°52

33

Russia ~ Cosacchi   *Guardia Imperiale*   1813

c.Pozzi - Tav. N° 61

Russia ~ Cosacchi   *Guardia Imperiale*   1813

c.Pozzi - Tav. N° 61

34

~ Marina Francese ~ 1840 ~

Capitaine
de Vaisseau
Aspirant
Matelot

~ Marina Francese ~ 1840 ~

Capitaine
de Vaisseau
Aspirant
Matelot

Regg. "Nizza Cavalleria"
Armata di S.M. Sarda
1844·48

1 Aiutante Maggiore
2 Lanciere
3 Colonnello Comandante
4 Portastendardo
5 Lanciere

C.Pozzi 89 TAV. N° 42

Regg. "Nizza Cavalleria"
Armata di S.M. Sarda
1844·48

1 Aiutante Maggiore
2 Lanciere
3 Colonnello Comandante
4 Portastendardo
5 Lanciere

C.Pozzi 89 TAV. N° 42

1º Regg. "Nizza Cavalleria" ~ 1848 ~   TAV. nº 10   c. Pozzi

Stendardo di "Nizza Cavalleria"   mod. 1848

Armata di S. M. Sarda

1º Regg. "Nizza Cavalleria" ~ 1848 ~   TAV. nº 10   c. Pozzi

Stendardo di "Nizza Cavalleria"   mod. 1848

Armata di S. M. Sarda

Corpo dei "Carabinieri Reali„ in alta uniforme ~ 1850 - 1861 ~ (a cavallo)

Il corpo veniva considerato appartenente alla "Cavalleria.

c. Pozzi TAV. N° 28

Corpo dei "Carabinieri Reali„ in alta uniforme ~ 1850 - 1861 ~ (a cavallo)

Il corpo veniva considerato appartenente alla "Cavalleria.

c. Pozzi TAV. N° 28

Bersaglieri
~ Crimea 1856 ~

c.Pozzi - Tav. N° 71

Bersaglieri
~ Crimea 1856 ~

c.Pozzi - Tav. N° 71

39

~ Legione Straniera ~

Ufficiale   Tamburo dei fucilieri   Fucilieri   Granatieri

Campagna d'Italia ~ 1859

Tav. N° 37

~ Legione Straniera ~

Ufficiale   Tamburo dei fucilieri   Fucilieri   Granatieri

Campagna d'Italia ~ 1859

Tav. N° 37

c.Pozzi.- TAV. Nº 44

Marin

~ Marina Francese ~ 1870 ~

c.Pozzi.- TAV. Nº 44

Marin

41

Uniforme storica — 8° Regg. Lancieri di Montebello — –Impetu– –Hostem– Perterreo–

Uniforme storica — 8° Regg. Lancieri di Montebello — –Impetu– –Hostem– Perterreo–

R.E.I. ~ Truppe d'Africa ~
~ Cavalleria ~ 1885 ~

c.Pozzi - Tav. N.º 47

R.E.I. ~ Truppe d'Africa ~
~ Cavalleria ~ 1885 ~

c.Pozzi - Tav. N.º 47

45

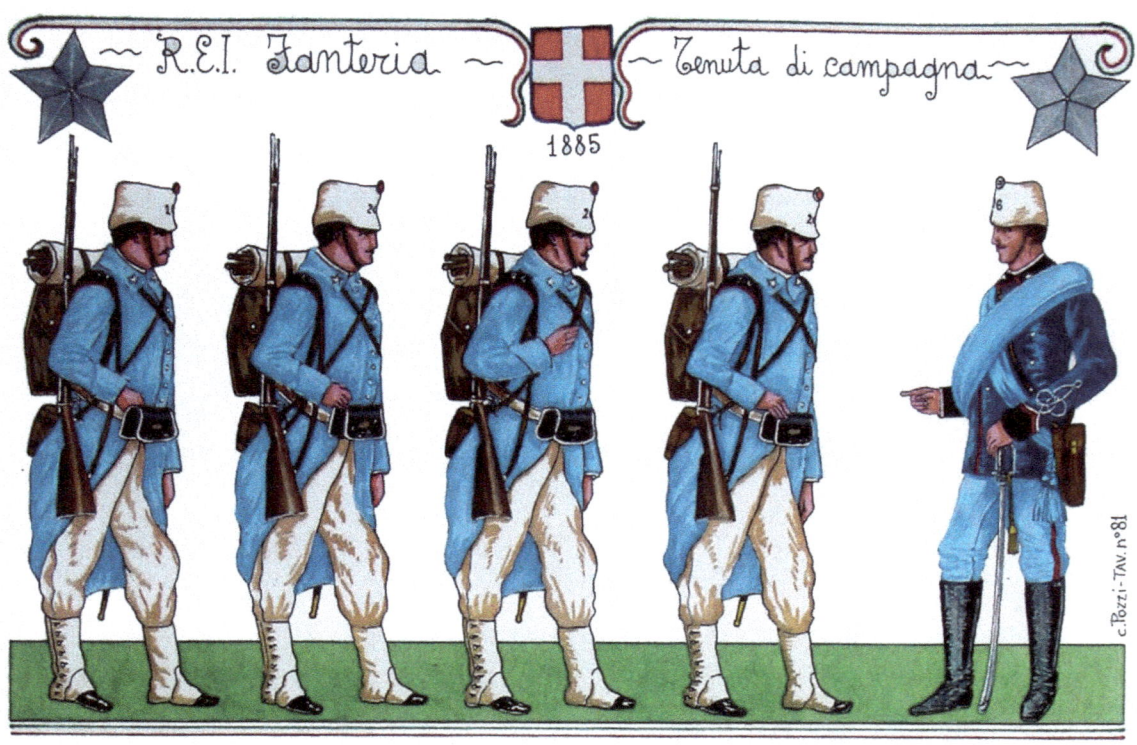

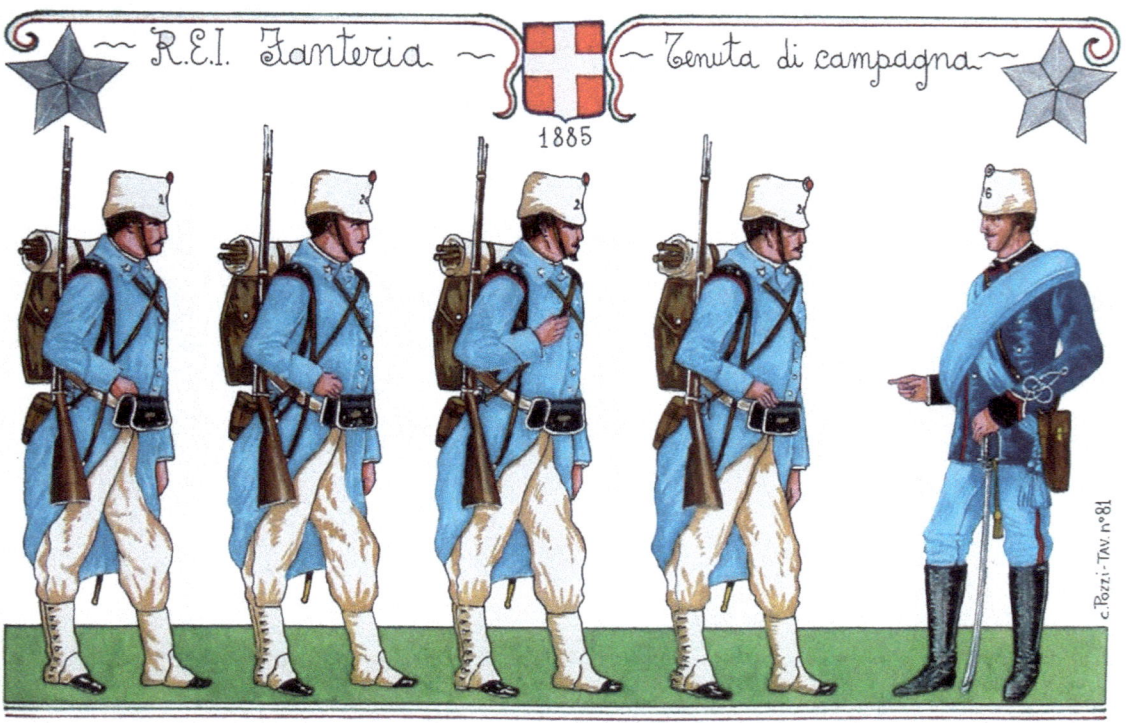

Reggimento Artiglieria "1899" a Cavallo

Reggimento Artiglieria "1899" a Cavallo

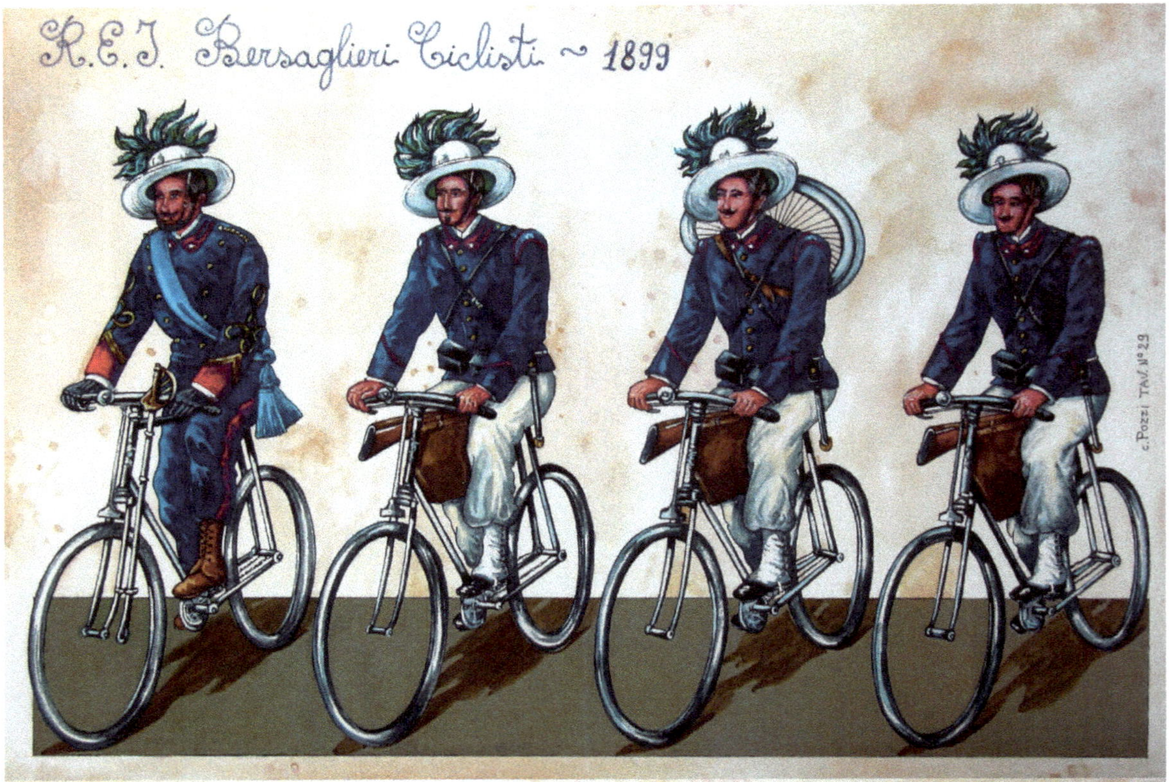
R.E.I. Bersaglieri Ciclisti ~ 1899
c.Pozzi TAV. N°29

R.E.I. Bersaglieri Ciclisti ~ 1899
c.Pozzi TAV. N°29

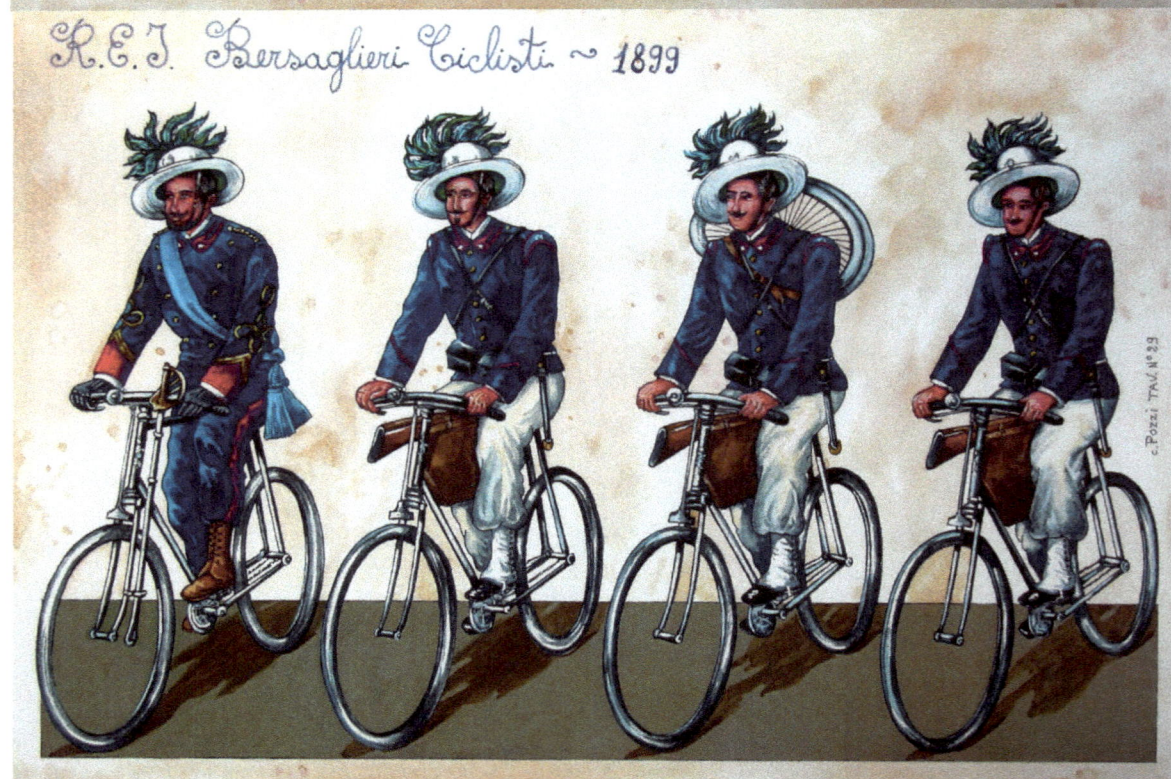

PAPER SOLDIERS ALREADY PUBLISHED
(SOME TITLES)

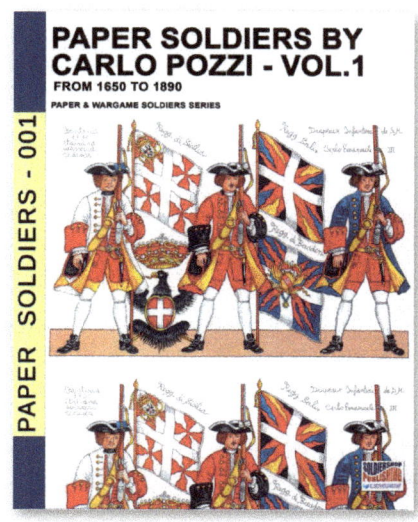

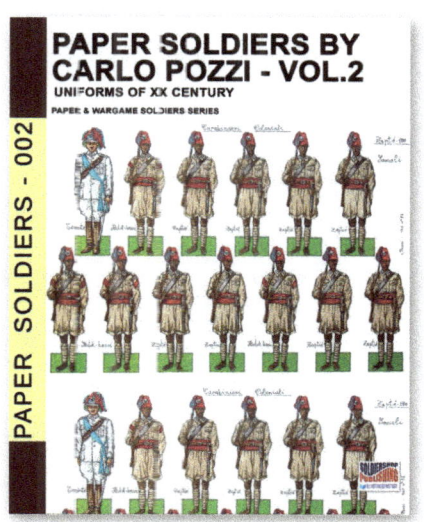

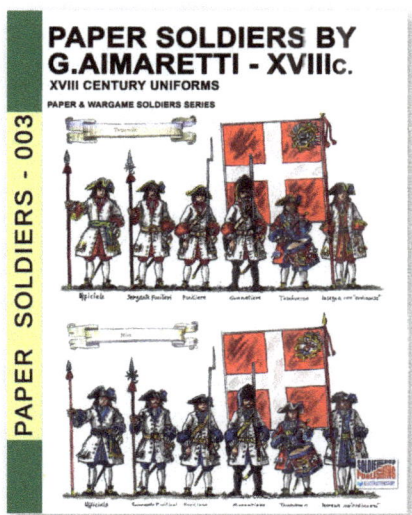

www.ingramcontent.com/pod-product-compliance
Lightning Source LLC
Chambersburg PA
CBHW041155120626
46547CB00020B/3218